IDÉES

D'UN

FORÇAT LIBÉRÉ

AU SUJET

DE LA RÉFORME PÉNITENTIAIRE.

BOURG,

IMPRIMERIE DE MILLIET-BOTTIER.

—

1844.

IDÉES

D'UN

FORÇAT LIBÉRÉ

AU SUJET

DE LA RÉFORME PÉNITENTIAIRE.

BOURG,

IMPRIMERIE DE MILLIET-BOTTIER.

—

1844.

J'ai voulu, par la publication de cet opus-
cule, fournir quelques matériaux pour l'œuvre
éminemment sociale qui s'élabore aujourd'hui
à l'effet de changer notre système si vicieux
d'emprisonnement : en même temps, et avant
tout, j'ai voulu prouver que la main qui
frappe le crime est aussi la main qui relève
avec bonheur le criminel repentant et corrigé.

IDÉES
D'UN FORÇAT LIBÉRÉ

AU SUJET DE LA RÉFORME PÉNITENTIAIRE.

———

Au moment où la législature française est saisie de l'importante question de la réforme des prisons, on sera sans doute curieux de connaître les impressions ressenties, dans les lieux où se sont jusqu'à présent expiées les fautes les plus graves, par un homme qui a lui-même été l'objet des rigueurs de la loi, et d'apprendre comment il est, suivant lui, possible de moraliser les malfaiteurs en les punissant : de là peut, en effet, jaillir un jour nouveau sur une matière délicate autant que difficile, et qui doit nécessairement gagner à être envisagée sous tous ses aspects.

Au mois de janvier dernier, une lettre m'arriva commençant par ces mots : « Monsieur le procureur du Roi, veuillez, je vous prie, me pardonner d'oser prendre la liberté de vous écrire. Pour l'amour de Dieu, pour celui de l'humanité, par tout ce que vous avez de plus cher au monde, daignez me prêter un instant d'attention ; car j'ai besoin de me rapprocher des magistrats pour être connu et jugé, besoin d'autant plus grand pour moi que j'ai une épouse, une famille, deux pauvres petits enfans et un cœur de père !... Celui qui tant désire d'être protégé par les lois, de se rapprocher des

autorités chargées de leur maintien, d'en être connu,
celui-là peut-il être prévaricateur envers la société?

« Je fus coupable, j'en conviens, et je fus puni.
J'ai connu l'existence des bagnes, c'est-à-dire le
malheur et l'ignominie; mais je suis repentant et
veux me réconcilier avec la société que j'ai outra-
gée, et de laquelle j'ose attendre un généreux par-
don en retour du ferme dessein que je forme d'o-
pérer ma régénération morale. »

Au bas de cette lettre se lisait la signature : Jean-
Claude ROMAND, *tailleur d'habits à Montréal,
près Nantua.*

Ces expressions choisies, ce style noble et tou-
chant me causèrent une agréable surprise; car nous
autres gens de justice, nous sommes peu accoutu-
més à un pareil langage de la part de ceux qui sont
tombés sous nos coups. J'eus donc envie de connaître l'homme qui m'avait écrit, et je l'invitai à
se présenter devant moi, toutefois en termes assez
bienveillans pour qu'il ne pût pas penser que j'eusse
à sévir contre lui.

Au jour marqué, je le vis paraître. C'était un
homme dans la force de l'âge, au visage grave et
mélancolique, au maintien humble et contrit, à la
parole simple mais expressive. Interrogé par moi
comment il avait pu se procurer les connaissances
grammaticales qu'il paraissait posséder, il me ré-
pondit qu'il avait, dans son enfance, fréquenté
l'école de son village, et qu'il avait beaucoup lu
depuis.

Je le fis causer principalement sur les motifs et les
circonstances de sa condamnation, et ensuite sur

le régime des bagnes qu'il avait forcément fréquen-
tés. Il m'édifia sur le tout avec une entière fran-
chise, et en versant quelques larmes. Ce début me
prévint en sa faveur et confirma dans mon esprit
les bonnes dispositions où sa lettre m'avait déjà mis
à son égard. J'appris qu'un vol qualifié l'avait
amené, en 1833, sur les bancs de la cour d'assises
du Rhône, et que la peine de cinq ans de travaux
forcés avait été prononcée contre lui. J'appris encore que précédemment il avait eu à répondre d'un
crime politique, de sa participation en armes à la
révolte des ouvriers de Lyon, en novembre 1831, et
que pour cela une première condamnation l'avait
atteint, condamnation beaucoup moins flétrissante
que la seconde, à coup sûr, et qui semblerait prouver au contraire que, comme il me l'a dit lui-même,
*son cœur n'avait pas eu la plus grande part dans
ses infortunes.*

Quoi qu'il en soit, j'eus avec lui une assez longue
conversation, pendant laquelle il m'exposa sa manière de voir sur les changemens à apporter au régime actuel des prisons, dans l'intérêt de l'amélioration morale des condamnés. Je l'engageai à rédiger
par écrit ses observations sur cet important sujet
qui devenait de plus en plus à l'ordre du jour, et à
me faire parvenir le fruit de son travail.

Romand se mit immédiatement à l'œuvre, et peu
de temps après, je reçus de lui un manuscrit dont
je vais offrir quelques extraits au lecteur.

Le sujet est traité en forme de lettres, ce qui me
paraît convenable et naturel, puisque ce sont réellement des réponses aux questions que j'avais adres-

sées à leur auteur. Son système peut se réduire à ces trois points principaux : 1° suppression des bagnes ; 2° adoption du système d'emprisonnement individuel avec travail obligé ; 3° organisation en compagnies de travailleurs, qui seraient transportées partout où besoin serait, des détenus dont la conduite aurait été bonne pendant un certain nombre d'années.

Comme on le voit, les idées de Romand sur cette matière sont presque identiques avec celles qui ont inspiré au gouvernement le projet de loi déjà adopté par la chambre des députés. Et cependant il n'en avait pas eu connaissance, puisqu'il y a plus de six mois que ses lettres sont entre mes mains. Le seul point sur lequel il ne se rencontre pas avec nos législateurs est celui de l'organisation des détenus qui se seront bien comportés en compagnies mobiles de travailleurs ; car on sait qu'il a été décidé par la chambre qu'au bout de cinq ou de dix années, suivant la volonté des tribunaux, les condamnés seront extraits de leur cellule pour être transportés dans un lieu lointain où ils achèveront de subir leur peine ; toutefois, le principe est à peu près le même, puisque des deux parts il s'agit de rétablir la vie en commun pour les détenus cellulaires, avant de leur permettre de se mêler de nouveau à la grande famille humaine.

Mais il me tarde de laisser parler Romand lui-même, dont on a déjà pu juger que le style n'était dépourvu ni de chaleur ni d'élégance. Voici ce qu'il dit des bagnes :

« Le bagne est une spécialité qu'il faut classer à

part quand on est obligé de décrire la démoralisa-
tion des établissemens de pénalité. C'est une école
de perfectionnement pour le crime, une filière de
corruption dont l'effet est de pervertir au suprême
degré celui qui n'était encore qu'un coupable ordi-
naire, un vrai cloaque, enfin, où les vices les plus
hideux semblent s'être donné rendez-vous (1).....
Hélas! pendant cinq malheureuses années, j'ai été
à même de sonder cet abîme de misères et d'infa-
mie; je l'ai fait, et c'est le résultat de mes observations quotidiennes, durant ce laps de temps, que je

(1) Un exemple, entre plusieurs autres cités par Romand,
prouvera jusqu'à quel point est profonde la gangrène morale qui ronge le cœur des hôtes de nos bagnes actuels :

En 1832, lorsque le choléra sévissait à Toulon avec une
grande intensité, la ville vint à manquer de manœuvres
pour transporter les morts aux cimetières et pour les in-
humer. Alors, la municipalité fit demander des forçats de
bonne volonté pour remplir ce dangereux office, mais tous
refusèrent unanimement. Quelques jours après, le bruit se
répandit dans les salles de la chiourme que, vu le dé-
sordre qui régnait partout, il était aisé de dépouiller impu-
nément les morts qu'on portait aux lieux de sépulture, de
l'argent et des bijoux qu'ils avaient sur eux. Aussitôt, tous
les forçats demandèrent avec instance à se charger de l'em-
ploi qui les avait d'abord effrayés. Plusieurs d'entre eux
furent acceptés, et ils ne faillirent point aux abominables
desseins qu'ils avaient conçus; car presque toutes les fa-
milles où la mort avait rendu leur présence nécessaire eu-
rent à se plaindre de soustractions commises à leur préjudice. On apprit aussi plus tard que des femmes mourantes
avaient été indignement outragées par ces misérables. Les
forçats sont-ils encore des hommes?...

viens soumettre à un magistrat qui a daigné jeter un regard compatissant sur moi. »

Ici, Romand décrit en détail et d'une manière frappante l'effroyable corruption qu'il a remarquée parmi les forçats du port de Toulon ; il raconte les vols nombreux qu'ils commettaient, soit entre eux, soit au préjudice des ouvriers libres employés dans la rade, leurs monstrueuses relations, leurs projets de nouveaux crimes pour l'époque où ils seraient libérés (1); en un mot, il déroule avec énergie la série d'abominations dont se compose l'existence des bagnes, et il fait des vœux pour que ces immondes repaires soient bientôt supprimés, ce qui aura effectivement lieu, comme on ne l'ignore pas, d'après la loi dont j'ai parlé plus haut.

Ensuite Romand cherche à démontrer l'urgente nécessité qu'il y a d'établir l'emprisonnement solitaire, et il aborde ce sujet avec un certain bonheur d'expressions, à mon avis :

(1) Voici une conversation entendue par Romand, et qui eut lieu le 18 septembre 1835, entre plusieurs forçats qui devaient prochainement quitter le bagne de Toulon, par suite de grâces à eux accordées par le Roi *à raison de l'amendement qui s'était manifesté en eux:*

— « Dis-donc, sais-tu que M. Fleury (chirurgien-major de l'hôpital de la marine), qui vient d'être troussé par le choléra, a laissé soixante mille francs argent à sa veuve ?

— « Soixante mille francs ! c'est bien beau. Ne pourrait-on pas s'introduire chez cette dame sous prétexte de la courtiser, et puis la *nettoyer* proprement (la voler)?

— « Comme vous raisonnez, vous autres! reprend un troisième. Moi, je ne prendrais pas tant de détours, parce que je pourrais me faire soupçonner. Si je savais sa de-

« Machiavel, dit-il, a posé en principe qu'il fallait diviser pour régner ; mais il est bien plus digne de notre siècle, bien plus conforme aux inspirations de la morale de dire qu'il faut diviser pour *amender*. Et cette maxime nouvelle, dont ni la liberté des peuples, ni l'autorité des rois n'aura à souffrir, il convient de la mettre en pratique à l'égard des criminels frappés par la loi. Oui, que chacun d'eux expie à part et seul avec sa conscience les attentats qu'il a commis contre la société qui le repousse de son sein ; qu'il puisse méditer en silence sur son indignité personnelle, et, à force de remords, peut-être renaîtra-t-il à la vertu. L'homme qui a failli pour la première fois, et auquel il reste encore des sentimens d'honneur et de probité, ne sera plus ainsi éloigné de la bonne voie où il voudrait rentrer par l'exemple et les conseils du scélérat endurci, et ce dernier se consumera seul dans une rage impuissante, sans laisser d'élèves formés à son école. »

meure, j'irais tout bonnement la surprendre une belle et bonne nuit, et la forcerais bien de me livrer son magot.

— « Imbécille ! interrompt un quatrième ; et si elle criait au secours, tu serais pincé.

— « Si elle criait ! Bah ! n'a-t-on pas un moyen de l'en empêcher ? On lui fait voir le feu par les pieds jusqu'à ce qu'elle ait donné son argent, ou bien on lui bouche la gueule, et puis, au pis-aller..... (faisant un geste qui signifie une main frappant du poignard), et puis après on cherche le magot. »

On peut juger, par cet échantillon, combien étaient *amendés* les forçats sur lesquels la miséricorde royale s'était étendue. Nouvelle preuve que la vérité n'arrive pas toujours au trône.

S'attachant à prouver sa thèse, l'auteur poursuit en ces termes :

« Dans les localités où il y a une plus forte agglomération d'hommes règne toujours la plus grande perversité, et Paris a également, sous ce rapport, la suprématie sur le reste du royaume, comme j'en ai pu juger à Toulon, où tous les condamnés qui nous arrivaient de cette ville étaient des bandits consommés. Raisonnant donc par analogie, on peut dire avec vérité, suivant moi, que plus les condamnés seront agglomérés, plus ils seront corrompus, et que le meilleur moyen de tourner au bien leur moral, c'est de les fractionner autant que possible et jusqu'à l'individualité.

« Les hommes qui peuplent habituellement les prisons se connaissent et s'entendent à première vue ; dès lors un pacte tacite, infernal, les unit, celui du crime. Prévenir la formation de ce pacte dangereux est donc un devoir pour ceux qui sont placés à la tête de la société.

« Mais si les criminels se comprennent si bien en se voyant seulement, qu'est-ce donc lorsqu'ils peuvent se communiquer leurs sentimens et leurs pensées ? Leurs conversations habituelles roulent toujours sur les mêmes matières. Ils mettent une espèce de gloire à raconter leurs exploits de brigandage : c'est à celui qui en aura fait le plus ; il est le héros sur lequel se portent tous les regards, que l'on estime, que l'on vante, et qui jouit, on peut le dire, d'une réputation colossale parmi ses semblables. Il est aisé de se figurer quelle conduite tiendront dans le monde, dès qu'ils y seront rentrés, de tels héros et leurs admirateurs. »

Enfin, Romand expose de la manière suivante son système d'organisation des détenus en compagnies de travailleurs :

« Tout condamné arrivant dans les prisons cellulaires doit d'abord être soigneusement séparé de ses compagnons de captivité, et n'avoir de communication qu'avec les personnes commises à sa garde, ainsi qu'avec les aumôniers dont le dévoûment chrétien s'occupera sans cesse de lui inculquer de salutaires doctrines. Cette période de temps sera une espèce de noviciat pour arriver à ce que plus tard le condamné qui montrerait de bonnes dispositions jouisse de la faveur d'entrer en libre pratique avec d'autres détenus amendés comme lui. Ces criminels, déjà meilleurs, je les transporte dans des ateliers qui seront formés sur divers points du royaume, pour l'exécution d'entreprises d'utilité publique, telles que routes, canaux, chaussées, chemins de fer, etc., et là, organisés en compagnies, je les emploie à peu près comme on fait des soldats, sauf la discipline et la surveillance qui seront beaucoup plus sévères. Cette méthode doit nécessairement avoir de bons résultats moraux ; car il est impossible que la vue du ciel dont ils ont été long-temps privés, le contact avec d'autres hommes, le travail en commun et ce je ne sais quoi qui remue le cœur à la première lueur de la liberté renaissante, que tout cela ne soit pas d'un salutaire effet sur eux. Créez en outre, dans ces compagnies, de petits emplois qui seront confiés à ceux des condamnés qui se distingueront par la meilleure conduite : ces derniers se feront, soyez-en sûrs, un point d'honneur de les obtenir, et de là naîtra en eux un sentiment d'émulation qui sera déjà un acheminement vers le bien. »

Romand termine son écrit par des considérations sur la surveillance des condamnés libérés. Sans repousser cette surveillance, qu'il croit nécessaire, il émet le vœu qu'à l'avenir elle soit exercée plus discrètement qu'elle ne l'a été jusqu'à ce jour, afin que celui qui en est l'objet n'ait pas à rougir de son passé devant les populations au milieu desquelles il risque même de manquer de travail et, par conséquent, de pain, ce qui devient pour lui une puissante excitation à retomber dans le crime.

Mais une amélioration véritable, proposée par Romand, relativement à cette surveillance, est ce qui suit : Le libéré serait tenu de justifier à l'autorité qu'il a ou des ressources personnelles suffisantes pour le faire vivre, ou du travail assuré. Au cas où il ne serait ni dans l'une ni dans l'autre de ces conditions, ce qui arrive assez fréquemment, il serait dirigé sur un des ateliers de travaux publics dont il a été question plus haut, et où il recevrait un salaire raisonnable. Tout libéré, dépourvu de moyens de subsistance, qui laisserait écouler plus de quinze jours sans prévenir le maire de sa commune qu'il est sans ouvrage, deviendrait par cela même passible d'une peine d'emprisonnement qui, en cas de récidive de sa part, pourrait être doublée. Ce serait là une utile mesure.

Telle est, en résumé, l'œuvre d'un homme dont il faut d'autant plus déplorer les erreurs qu'il semble avoir reçu en partage les dons de l'intelligence et le sentiment du juste et de l'honnête. Les mauvaises passions ont un instant obscurci en lui la lumière naturelle qui l'éclairait dans la route de la vie, à défaut de l'instruction qui n'était pas venue, ou qui n'était venue que faiblement en aide à son esprit, et de la religion qui n'avait pas encore parlé à son cœur : de là la chute terrible qu'il a faite, de là le stigmate qui s'est empreint sur son front, siége pourtant de nobles et utiles pensées. Plaignons cet infortuné, consolons le même au besoin, et songeons à la fragilité de la nature humaine. S'il est réellement parvenu à se régénérer lui-même, s'il a retrouvé dans ses larmes sa dignité primitive de créature de Dieu, alors voyons en lui un homme nouveau et traitons-le comme tel ; car aux yeux du chrétien, le repentir est un second baptême qui enlève les souillures de la vie, comme le premier efface celle de la naissance.

Ed. Servan de Sugny,
Procureur du Roi près le tribunal civil de Nantua.

P. S. Au moment où je terminais cet écrit, j'ai reçu de Romand une lettre qui m'a paru être le complément de celles qu'il m'a adressées sur le régime pénitentiaire. C'est un retour qu'il fait sur lui-même, une comparaison entre son existence actuelle, si calme, si sereine, et les tempêtes par lesquelles il a passé. Il y a du charme dans ce récit intime et personnel qui s'élève parfois jusqu'à l'éloquence, et le philosophe peut y trouver matière à méditations. Je crois donc devoir reproduire cette lettre en entier :

Monsieur le procureur du Roi,

Puisque vous avez daigné accueillir favorablement mon travail sur la réforme pénitentiaire, je vous prie de m'excuser d'oser prendre la liberté de vous écrire de nouveau. Cette lettre, que je considère comme un devoir pour moi, a pour but de vous faire connaître ma situation morale actuelle.

J'ai connu, dans la vie, deux hommes très-distincts, l'ancien et le nouveau. Le premier, égaré par de mauvais conseils, par des lectures dangereuses, s'est fourvoyé ; le second, mûri par l'expérience et les malheurs, est revenu, ou du moins s'efforce de revenir à la vertu. Le premier, abusé par des chimères, impressionné par des doctrines subversives de tout ordre social, ayant ouï prêcher ces doctrines par des utopistes assaisonnant leur langage des mots pompeux de conviction, de profession de foi politique ; le premier, dis-je, se laissant surprendre par d'indignes maximes, qui, dans certains cas, et de la part de certains individus, ne tendent à rien moins qu'à consacrer la spoliation du bien d'autrui, a dû errer nécessairement. Errer, c'est sortir de sa sphère, sous quelque point de vue qu'on l'envisage ; c'est ce qu'a fait et ce que n'aurait jamais dû faire l'homme ancien. Le second, qui cherche à s'éloigner du faux et à se rapprocher du vrai, rend encore grâce à la Société de l'avoir désillusionné en lui appliquant la peine de l'outrage qu'il lui avait fait, et il s'incline devant Dieu qui a mis le repentir dans son cœur. Ah ! pouvait-il persévérer dans la voie du crime, celui dont l'enfance fut protégée par la meilleure et la plus vertueuse des mères !...

Revenir insensiblement à la pratique des devoirs religieux, remplir ses devoirs sociaux, est une jouissance, Monsieur le procureur du Roi, que goûte surtout l'homme qui a eu le malheur de dévier du chemin de la vertu : il lui semble, en effet, qu'une nouvelle vie l'anime, qu'un sang plus généreux circule dans ses veines, et qu'il est créé une seconde fois. C'est que le crime est un pesant fardeau, dont il est doux de pouvoir se délivrer le plus tôt possible.

Je me plais, Monsieur le procureur du Roi, à épancher les tribulations et les joies que j'éprouve, dans votre noble cœur, et je commencerai par vous instruire des circonstances qui ont accompagné ma réception dans mon village, après mes malheurs, afin que, par la publicité, des hommes frappés par la loi trouvent ici un exemple qui les encourage à revenir au bien.

Nouvel enfant prodigue, je rentrai dans mes pénates après ma libération (en janvier 1838). Je me présentai immédiatement chez M. Fauvin, maire de Montréal, et lui témoignai mon repentir d'avoir failli, et mon désir de rentrer en grâce avec la société par la sagesse de ma conduite future. Ce magistrat m'engagea aussitôt à faire la demande pour obtenir le changement de ma résidence, qui était à Oullins, contre la résidence de mon pays natal ; j'eus la satisfaction de voir promptement, par les soins de ce digne fonctionnaire, se réaliser mon désir : c'était déjà pour moi un acheminement marqué vers le bonheur !...

Je m'installai dans la maison paternelle; mais, hélas! le toit n'abritait plus les auteurs de mes jours! L'impitoyable mort les avait enlevés à mes affections sur la terre. Le modique patrimoine dont je jouis ne s'étend pas au-delà d'une très-petite et chétive habitation, avec jardin analogue. Quelles ressources pour subsister?... Aurai-je de l'ouvrage ou non?... J'ai outragé la société; s'intéressera-t-elle à moi et me donnera-t-elle du travail?... Questions terribles, et dont la solution était d'une importance capitale pour moi.

Qui m'a tendu la main le premier, dans mon village natal, et m'a donné de l'occupation? c'est encore monsieur le maire, et depuis ce moment-là, j'ai toujours travaillé... Béni soit l'homme généreux dont l'humanité s'est exercée à mon égard, et a protégé ma rentrée dans le monde! Je n'oublierai jamais ce bienfait signalé.

Dix-huit mois ne sont pas encore écoulés depuis mon retour dans mon village, que déjà je possède une nombreuse clientelle des plus choisies. Il semble qu'à l'envi les maisons les plus respectables de notre contrée cherchent à m'être utiles, en m'accordant confiance et travail. Aussi fais-je tous mes efforts pour justifier ce bon accueil par un labeur infatigable et par une conduite que je cherche à rendre exempte de blâme. Telle sera désormais ma ligne invariable. La vie dissipée n'est plus mon partage; ma petite maison est un ermitage d'où je ne sors jamais que pour vaquer aux courses et démarches que nécessite mon travail. Mon petit jardin est toute ma récréation; il est souvent témoin de mes méditations et des pensées amères que m'inspire le souvenir de mon existence passée.

Dix-huit mois ne sont pas encore écoulés et déjà la régularité de mes mœurs (pardonnez-moi de répéter tout haut ce que ma conscience me dit tout bas) m'a fait contracter une union avec une femme jeune et sage, possédant un petit avoir, appartenant à une famille honorable, nièce d'un ecclésiastique justement estimé dans ce pays, union qui me comble de félicité. Certes, ce ne sont pas mes antécédens qui sont venus cimenter le lien conjugal ; ce n'est pas non plus ma fortune, qui est à peu près nulle ; encore moins la conformité des âges. Mais que ne peut la sympathie naturelle qui existe entre deux êtres dont la rencontre, en apparence fortuite, a dû être le résultat d'une faveur spéciale de la Providence, cette bonne mère qui ne permet pas que les infortunés restent seuls, de peur qu'ils ne s'abandonnent au désespoir !

Trois ans se sont à peine accomplis depuis mon mariage, Monsieur le procureur du Roi, et je me vois père de deux jolis enfans ! Et tous les deux sont venus au monde la veille de mes deux fêtes, c'est-à-dire des fêtes de mes deux patrons (Saint-Jean et Saint-Claude) ; quelle coïncidence ! Mais, ô chers enfans, pauvres et innocentes créatures, Valérie et Benjamin, que deviendrez-vous ? La société, souvent injuste, ne le sera-t-elle point à votre égard ? ne vous fera-t-elle jamais rougir du nom de votre père !!! Idée poignante pour l'auteur de vos jours !... Mais non ! la société tend la main à votre malheureux père en signe de réconciliation ; sa conduite actuelle fait oublier son passé ; cela semble le tranquilliser sur votre avenir ; car ce qu'on doit appeler la société ne se compose pas exclusivement de quelques êtres sans entrailles comme sans principes, n'ayant en partage que la jalousie, l'orgueil et la méchanceté ; non ! ils n'en constituent que la plus faible partie : la véritable société est sage, indulgente, et n'accable pas de ses rigueurs ceux qui n'ont commis d'autre crime que d'être nés d'un père qui fut autrefois coupable.

Le tableau que je viens de tracer de mon ménage et de mon travail, Monsieur le procureur du Roi, pourrait déjà seul donner l'idée du bonheur. En effet, affection pour des créatures qui vous doivent la lumière, caresses qu'elles vous prodiguent de leurs mains enfantines, tendres soins d'une femme douce et aimante, voilà bien les joies paternelles et conjugales. Mais il y a encore le travail, le travail qui, en me rendant les heures légères, vient fournir aux besoins de la famille. Oh ! je ne demande autre chose à l'Auteur de l'univers que la continuation de ce qui existe dans l'intérieur de ma maison, et je me prosterne devant lui en versant des larmes d'amour et de reconnaissance !

Il a été question plus haut du modeste jardin qui fait partie de l'héritage paternel ; je n'y reviendrais pas si ce coin de terre, mes délices, ne me ramenait naturellement au sujet que je traite.

Ce jardin contribue, par sa position, à embellir le site intéressant, pittoresque, de Montréal. Placé dans des rochers, à la hauteur du beffroi du clocher de l'église, il est devenu, par suite de mes soins et de mes récréations, une véritable petite oasis où l'on ne peut arriver que par un chemin tortueux, en partie taillé dans le roc. Huit gros ceps de vigne furent plantés jadis par mon père et donnent beaucoup de beaux et bons raisins ; je plantai de nouveaux ceps, il y a trois ans, et j'ai déjà eu la satisfaction d'en cueillir les produits. Cette année, j'ai encore planté cent cinquante-deux pieds de vigne. Enfin, le jardin est petit, mais tout y est utilisé, jusqu'à une fissure de rocher, qui contient deux ceps. Il me fournit de l'herbage et des plantes potagères, suffisamment pour les besoins de ma maison. Cinq pommiers, deux poiriers, six pruniers donnent des fruits plus ou moins abondans, suivant les bonnes ou les mauvaises saisons ; un noyer végète en ce lieu, resserré qu'il est entre des rochers qui compriment ses racines et ses branches ; de très-grosses groseilles blanches, plusieurs buissons de cassis, de la luzerne pour mes brebis, des épis de blé, produit de mes essais, (point de fleurs, je ne les aime plus depuis que j'ai perdu l'innocence dont elles sont l'emblême) : tel est l'ensemble de ce lieu champêtre, auquel il manque pourtant une fontaine pour y porter la fraîcheur durant la Canicule.

Je viens de parler de blé et d'essais, voici en quoi cela consiste : Je prépare un petit espace de terrain, après avoir préalablement mis tremper mes grains de blé dans une eau chauffée par les rayons solaires ; là il y a fermentation intérieure sous la pellicule du grain, et dans dix à douze heures, il se trouve presque réunir toutes les conditions favorables à la germination ; je prends mes grains, un peu de fumier, je fais un petit trou en terre, j'y dépose gros comme un œuf d'engrais et *un seul grain* de semence immédiatement dessus , recouvert de deux pouces de terre bien foulée ; mes grains sont placés à six pouces carrés de distance ; pas un de perdu, tous germent et produisent de grosses touffes, témoins celles actuelles. Par ce procédé, qui le croira ? j'ai obtenu 14 et 19 épis pour un grain ; la touffe des quatorze épis a été complée par ma femme , 14 épis ont donné 327 grains , production étonnante et admirable ! Si l'agriculture pouvait trouver un moyen mécanique pour ensemencer de cette manière , que d'engrais , que de semences de moins ! et quelle fécondité ! quelle richesse !

Venons au site de Montréal. Placé sur le versant d'une montagne dont le côté opposé est un rocher taillé à pic, appelé *la Grande-Roche* , ce village n'a pas peu d'agrément. Devant lui et à sa droite est une prairie sillonnée par plusieurs fantasques contours de la rivière de l'Ange , rivière très-poissonneuse en truites et en écrevisses ; à gauche, le Finage ; en face, l'excavation existant entre la montagne de Dom et celle de la Dray, excavation où coule, sur un fond de laves, un torrent rapide dans les grosses pluies ; dans la partie supérieure de Montréal, appelée *la Ville*, sont deux rangs de maisons dont les plus rapprochées de la montagne ont l'avantage de jouir d'un interstice , entre le village et le bois, où se trouve une pelouse toujours verte , parsemée d'arbres ; au-dessus de la pelouse et au sommet de la montagne est un bois dépendant de l'ancien château qui a appartenu aux sires de Thoire et de Villars, et qui fut ruiné par les armées victorieuses du maréchal de Vergy. Au-dessus du bois, on découvre les ruines du vieux manoir féodal qui, dans certains endroits, a résisté aux ravages du temps. Dans une partie de ce château, on distingue encore des trous carrés percés dans le rocher, probablement pour recevoir des poutres. Au sud et au nord de la montagne se font remarquer de longs pans de murs, restes de ceux qui venaient enceindre le village ; à mi-côte, dans ces pans de murs, sont deux retranchemens, meurtrières ou bastions avancés, pour se défendre contre l'ennemi, mais qui sont loin, par leur structure, d'accuser le génie d'un Vauban. Sur une petite élévation et sur un autre tertre, au nord du vieux château, se voient aussi les vestiges d'un castel *(sur los Catelet)*. Tout cela est d'un heureux effet.

Si la forêt de sapins de Montréal, vue du village, frappe agréablement le spectateur par sa sombre verdure, son intérieur ne le cède en rien à ce premier aspect. Très-peuplée, elle ressemble, dans certains endroits, à une chenevière, tant les arbres en sont droits, serrés et d'une belle venue ! Son sol annonce un ancien bouleversement ou des éruptions volcaniques. Des grottes s'y trouvent en quantité : les unes n'ayant rien de curieux que leur conformation ; les autres renfermant des stalactites amoncelées en colonnes qui, brisées, présentent le carbonate de chaux cristallisé, de la couleur des topazes du Brésil, soit en aiguilles quadrangulaires, soit en lames plates à triangles aux extrémités, soit enfin en pointes triangulaires, etc., etc.

Oh ! que la campagne est belle , Monsieur le procureur du Roi , pour une âme innocente , capable de l'apprécier tout ce qu'elle vaut ! Qu'elle a également de charmes pour celui qui a traversé les orages de la vie , qui , dans le cours d'une conduite désordonnée , a senti aux battemens irréguliers de son cœur qu'il n'était pas dans son assiette et qu'il se trouvait violemment jeté en-dehors de sa sphère ! C'est après avoir remonté à la condition d'homme , que l'être qui s'est dégradé apprend à estimer à leur juste prix les occupations rurales, ces occupations d'où résulte la paix intérieure qu'on rencontre si rarement dans le tourbillon des grandes cités. Que le calme, que le bien-être moral dont je jouis à présent soient un enseignement pour l'homme qui a eu le malheur de m'imiter dans mes mauvais erremens , et qu'il se dise une fois à lui-même ce que je me répète tous les jours : Quand on a violé les lois et la morale , on doit se retirer du monde pour lequel on n'est plus fait , mener dans le silence des champs une vie irréprochable , et aspirer à descendre au tombeau pardonné des hommes et réconcilié avec Dieu.

Veuillez agréer mes sincères remercîmens , ainsi que l'expression du profond respect avec lequel j'ai l'honneur d'être ,

Monsieur le procureur du Roi ,

Votre très-humble et très-obéissant serviteur.

Montréal, le 10 juillet 1844.

le
ca-
elle
rsé
ine
ré-
tte
sa
ion
à
es,
'on
les
je
ne
ais
ce
les
nt
les
s-
é-

si
'ai

www.ingramcontent.com/pod-product-compliance
Lightning Source LLC
LaVergne TN
LVHW020637180726
843502LV00006B/2081